MICHAEL C. MOGLER (Text)
DiPi (Illustrationen)

Du kannst nichts dafür, du bist
Skorpion
(24. Oktober – 22. November)

Element: Wasser
Planet: Pluto
Leibgericht: Weinbergschnecken in Weißbiersauce

Vorwort

Du kannst nix dafür, denn du bist Skorpion!

Wer wie du als Skorpion geboren wurde, der kann sich täglich selber sagen: Verdammt noch mal, wie viel Schwein ist das denn!?! Du bist der Darth Vader unter den Sternzeichen, eine Kreuzung aus Chuck Norris, dem Prince of Darkness und einem Atomkraftwerk – nur ohne die ganzen Sicherheitsstandards. Bei dir heißt es immer hopp oder top, rien ne va plus – nur dass „nichts geht mehr" in deinem Repertoire eigentlich nicht vorkommt. Denn irgendwas geht schließlich immer! Zum Beispiel einen lauwarmen Waschlappen aus einem anderen Sternzeichen zur Minna machen, weil er dich schief angeguckt hat. Oder seinen Partner abschleppen. Irgendwas richtig Mieses jedenfalls, denn du hast als Skorpion einen ziemlich schlechten Ruf. So etwas verpflichtet! Auch wenn das wie so oft nur die halbe Wahrheit ist. Denn als Freund bist du aus dem Metall gemacht, aus dem Tapferkeitsmedaillen gegossen werden. Aber das ist ja auch schon wieder voll extrem. Kein Wunder also, dass dir die Normalos aus den anderen Zeichen manchmal lieber aus dem Weg gehen. Wenn du also demnächst mal wieder eiskalt eine uralte Rechnung begleichst oder aber einen alten Buddy vor dem Absturz bewahrst, obwohl der Typ in den Knast gehört, dann wundere dich nicht und sage dir selbst: **Ich kann nix dafür, ich bin ein Skorpion!**

Charakter

Skorpion sein, das heißt extrem sein. Extrem charmant, extrem sexy, extrem mutig, extrem rücksichtslos – egal. Hauptsache immer schön am Limit und dort dann auch gleich noch gucken, was auf der anderen Seite der Grenze ist. Denn Geheimnisse kannst du nicht ab. Es soll schon Skorpione gegeben haben, die in einem Supermarkt voll abgedreht sind und palettenweise Überraschungseier aufgerissen haben, weil sie wissen MUSSTEN, in welchem die Happy Hippos versteckt sind. Das ist ein für die meisten anderen Sternzeichen eher schwer nachvollziehbares Verhalten und darum natürlich für andere manchmal etwas anstrengend. Sieh ihnen ihre genervten Blicke nach. Wenn du irgendwie kannst. Denn Nachsicht und Milde gehören nicht direkt zu deinen Primärtugenden. Dein Moralkodex liest sich eher wie der einer sehr alten sizilianischen Mafiasippe, und deine gelegentlichen Rachephantasien würden sogar Typen wie Al Capone totenbleich werden lassen. Wer aber Teil deiner Familie ist und nicht zu sehr gegen den Stachel löckt, der darf sich des Schutzes und der Fürsorge des Paten sicher sein. Schlecht für andere, die das nicht wissen und deine Family and Friends blöd anmachen. Wenn du auch schon wenig Skrupel hättest, der eigenen Mutter einen toten Pferdekopf ins Bett zu legen, bei Fiffis, die du gar nicht persönlich kennst, bereitet dir so etwas dann sogar Vergnügen. Darum immer schön dran denken: Bei aller Loyalität zu deinen Homies, StGB und StVO gelten auch für Skorpione!

Tops und Flops
Top: Alles!

Skorpione haben es nicht leicht. Wenn man morgens in den Spiegel schaut und eines so scharfen und einschüchternden Blickes gewahr wird, dann wäre das für die meisten Sternzeichen ein Grund, sich sofort alle Klamotten vom Leib zu reißen und sich willenlos seinem Schicksal zu ergeben. Nicht so für den Skorpion. Für den ist dieser Anblick bestenfalls Grund für die Überlegung, wie er diesem kleinen Drecksack im Spiegel in den Sack hauen kann. Denn das ist es, was ein Skorpion am Ende muss: Er muss gewinnen! Gegen jeden. Sogar gegen sich selbst. Wer sich immer gewundert hat, wieso Gerd Müller mit dem Toreschießen einfach nicht aufhören wollte – voilà: Er ist Skorpion. Dagegen war nun mal keine Abwehrmauer gewachsen. Denn wenn einer wie du irgendwohin will, dann sind Mauern, Selbstschussanlagen oder die Einheit der US-Marines weniger Hindernis als Aufgabe. Und da du dank deiner plutonischen Herkunft nicht nur über eine 10.000-Volt-Batterie mit praktisch endloser Lebenszeit verfügst, sondern auch in der Denkgrütze eine extrem schnelle CPU an Bord hast, bist du dabei noch nicht einmal auf filmreife Schlachtszenen angewiesen.

Der Weg ist das Ziel, und deiner führt von hinten links durchs Knie mitten in das Herz deiner Widersacher. Eine Tatsache, die du durchaus selbstkritisch zu werten weißt. Bedauern wäre ein wenig zu viel gesagt.

SO ISSER, DER SKORPION
ZÄH, WILLENSSTARK, KÄMPFERISCH, KRITISCH, AUSDAUERND, KONSEQUENT, DURCHSETZUNGSSTARK, MUTIG, EMOTIONAL, LEIDENSCHAFTLICH, SELBSTBEWUSST, BEHERRSCHT, ZIELORIENTIERT, LOYAL, INTELLIGENT, EHRLICH, TIEFGRÜNDIG

Flop: Nix!

Okay, es gibt natürlich (wie bei allem, was so derart cool und unfassbar überlegen ist) auch hier Neidhammel und Zwergpinscher, die Sachen behaupten wie: Skorpione seien irgendwie so „-lose". Nämlich rücksichts-, hemmungs-, gewissen- und erbarmungs**lose** Zeitgenossen, um die man lieber einen weiten Bogen machen sollte. Bitte? Was soll das denn? Nur weil du dich nicht mit einer 8 aus 10 zufriedengibst und den ganzen Tag mit Wattebäuschen um dich wirfst, musst du doch noch kein schlechter Mensch sein. Genau genommen bist du ja auch kein Mensch, sondern mehr so eine Art Gottheit. Könnte man jedenfalls annehmen. Also, du zumindest weißt, dass es oft nicht leicht ist, unter den weniger beschenkten Irdischen zu wandeln und sich deren Mittelmäßigkeit ständig gewahr zu sein. Kein Wunder also, dass es da schon mal zu Streit kommt und du dich auch hier und da bei einer ordentlichen Orgie von der Betrüblichkeit des Diesseits abzulenken versuchst. Und wer wie du die Gabe hat, bis zum Äußersten zu gehen, der darf sich nicht wundern, dass der Weg dorthin von den anderen Fluffis als irgendwie seltsam und abgefahren angesehen wird. Der Skorpion kommt so mancherorts schnell in den Ruf, ein schratiger Freak zu sein, dessen Handeln und Wandeln nicht immer richtig koscher sind. Aber was soll's! Scher dich nicht drum, es sind bloß Menschen. Sollen die sich doch weiter in ihren Reihenhaus-Slums gegenseitig den Astra wegneiden. Lamborghini oder lebenslänglich – das ist Skorpion-Style!

LÜGEN, NICHTS ALS LÜGEN! FANATISCH, ANGESPANNT, UNRUHIG, NEIDISCH, ZWANGHAFT, RACHSÜCHTIG, DOGMATISCH, BESITZERGREIFEND, RÜCKSICHTSLOS, UNBERECHENBAR, PROVOKATIV, EIGENSINNIG, DOMINANT

Job und Karriere
Du kannst nix dafür:
Wer sucht, der findet!

Skorpione sind ganz klar das Baumarkt-Sternzeichen im Tierkreis: „Es gibt immer was zu tun, packen wir es an", ist dein Mantra. Weil du neben einigen anderen Superkräften auch den Röntgenblick von Superman in die Wiege gelegt bekommen hast, brauchst du eine Arbeit, bei der es was zu entdecken gibt. Und ja, es darf gern schmutzig werden, Baby! Gib deiner Natur nach und bohre gaaanz tief, ja, so ist es richtig, tiefer, noch tiefer! Denn irgendwo, da ganz unten, da liegt der Grund für alles. Der Grund für die Entstehung des Weltalls, der Fehler im Geldwäschesystem, das Haarknäuel in der Abflussleitung – ein Skorpion sucht so etwas nicht, er findet es am Ende! Und er gibt vorher keine Ruhe. Du hast nun einmal das Inspektor-Columbo-Gen, und eine Selbsttherapie mit einer Staffel dieser Krimiserie würde dir helfen zu verstehen, warum solcherlei Nervbacken trotz bester Leistungen bei Beförderungen auch schon mal übersehen werden. Egal, dir geht es nicht um den Ruhm, sondern um die Sache selbst. Die Wahrheit! Des Pudels Kern! Ein Grund übrigens, warum es unter Politikern praktisch keine Skorpione gibt.

PERFEKTE JOBS FÜR SKORPIONE
TIEFSEETAUCHER, ASTRONAUT, KLEMPNER, STEUERFAHNDER, SCHATZSUCHER, KÖNIG, ENTBEINER, ARCHÄOLOGE, MECHATRONIKER, UNDERCOVERPOLIZIST, KAMPFSCHWIMMER, CHEFARZT, JÄGER, BULLDOZERFAHRER, STOSSTRUPPANFÜHRER, FINANZHAI, MAFIABOSS

Liebe
Du kannst nix dafür:
Dein ist das ganze Herz!

Der Skorpion ist in der Liebe ziemlich einfach gestrickt. Ganz oder gar nicht ist das schlichte Beziehungsmotto der kleinen Giftspritze, und wer sich mit dir einlässt, der wird schon sehen, was er oder sie dann davon hat. Ein sehr sicherer Weg, einen Skorpion vom Werben abzuhalten, ist übrigens das ständige Mitführen einer Zeitschrift wie der *Elle*, *Men's Health* oder *Bild der Frau*. Die hier signalisierten oberflächlichen Interessen stoßen dich ab wie der Knoblauch Dracula. Wenn du dir aber jemanden auserkoren hast, dann gehört er dir mit Haut und Haar – wenn er oder sie schlau ist. Denn deine Eifersucht ist legendär. Genauso gehörst aber auch du deinem Partner mit Haut und Haar – naja, zumindest meistens! Deine Energieüberschüsse müssen manchmal einfach auch jenseits der partnerschaftlichen Vereinbarungen entklappt werden. Ohne gelegentliche Grenzübertretungen geht es eben nicht, wenn man ein Skorpion ist. Andere, weit weniger wichtige Sternzeichen mögen sich da bitte zurückhalten und dem stacheligen Partner lassen, was des Partners ist. Dafür gibt es schließlich im Gegenzug die geballte „Rundum-glücklich-Premium-Liebesversorgung" aus dem Hause Pluto. Mehr Fürsorge und Aufmerksamkeit, als du deinem Partner entgegenbringst, geht einfach nicht. Voll grenzwertig eben, wie es sich für eine 180°-Existenz wie dich nun mal gehört!

BERÜHMTE SKORPIONE – GELIEBT VON DEN MASSEN
MARIE ANTOINETTE, BJÖRK, HILLARY CLINTON, JAMES COOK, MARIE CURIE, MICHAEL ENDE, JODIE FOSTER, ART GARFUNKEL, BILL GATES, WHOOPI GOLDBERG, DAVID GUETTA, PHILIPP LAHM, ASTRID LINDGREN, LORIOT, PETER LUSTIG, MARTIN LUTHER, DIEGO MARADONA, GERD MÜLLER, PABLO PICASSO, EROS RAMAZZOTTI, FRIEDRICH SCHILLER, BUD SPENCER, TILDA SWINTON

Sex und Erotik
Du kannst nix dafür:
Besser gleich liegen bleiben ...

... denn aufzustehen lohnt sich nicht. Zumindest nicht für das glückliche Stück Fleisch, das es zu dir in deine Bettstatt geschafft hat. Halbe Sachen gibt es für einen Skorpion nicht, und wenn du nur 10 % des sexuellen Hungers in dir hast, den man deiner Art gemeinhin nachsagt, dann bist du sicher beruflich in der Pornobranche tätig und hast seit ein paar Jahren keinen drehfreien Tag mehr gehabt. Okay, natürlich weißt du, dass nicht du, sondern der Volksmund es an dieser Stelle völlig übertreibt! Aber ein Ruf als leidenschaftlicher Liebhaber hat ja auch seine guten Seiten. Ein harmloser Flirt nimmt durch den Abgleich der Sternzeichen so oft extrem an Fahrt auf, was dir reichlich Mühe erspart. Das ist perfekt, auch wenn es umgekehrt schon mal vorkommen kann, dass ein Skorpion in ländlichen Gegenden zur ewigen Jungfrau wird, weil sich wegen seines verruchten Rufes niemand in der Nähe von einem Plutonier sehen lassen will. Heutzutage ist das aber kein ganz so großes Problem mehr – wozu gibt es Swingerclubs? Eigentlich suchst du aber statt flüchtigen Affären die echte, die vollkommene, die extreme Liebe! Und auf der Suche nach dieser gehst du wie immer ans Limit und hast notfalls einfach extreme Affären.

SKORPIONE DER SÜNDE
BORIS BECKER, GERARD BUTLER, LEONARDO DICAPRIO, BERNIE ECCLESTONE, FARIN URLAUB, RYAN GOSLING, GOLDIE HAWN, SCARLETT JOHANSSON, MICHAIL KALASCHNIKOW, KATY PERRY, KATRIN KRABBE, HERA LIND, LUCKY LUCIANO, JULIA ROBERTS, WINONA RYDER, AXEL SCHULZ, TIM TOUPET, BEATE UHSE

Friends and Family
Du kannst nix dafür:
Wer Freunde wie dich hat, hat keine Feinde!

Alles im Leben hat zwei Seiten. Und weil du nicht nur auf beiden zu Hause bist, sondern auch den äußersten Winkel jeder Gegend schon einmal besucht und obendrein ein feines Näschen für die Schwächen der anderen hast, bist du genau die Sorte Freund, die man besser nicht zum Feind hat. Auch in Freundschaften gilt: ganz oder gar nicht! Du gehst nicht wie die anderen einfach mal so nebenher mit irgendwelchen handwarmen Bekanntschaften oder lauen Kumpels für schnell mal ein Bier an irgendeinen Tresen. Nö. Du hast Freunde – und zwar Freunde fürs Leben! Die nun auch damit leben müssen, dass sie deine Freunde sind und dass du für sie im Zweifel in den Bau gehen oder den Deckel beim Finanzamt ausgleichen würdest. Das ist echt schlimm für die armen Kreaturen. Nicht weil du dafür ewige Dankbarkeit erwarten würdest, sondern weil du aus deiner mafiosen Moralstruktur heraus erwartest, dass deine Freunde das Gleiche auch jederzeit für dich tun werden. Blöderweise bietest gerade du für derlei Freundschaftsdienste ja ausreichend Gelegenheit. Wobei deine Freunde natürlich gut beraten wären, sich für dich jederzeit teeren und federn zu lassen. Denn noch schlimmer als Freund bist du als Feind. Da wundert es nicht, dass die Maya der Sage nach ihre im November geborenen Kinder sofort einem Kriegsgott geopfert und die Köpfe zu Fußbällen verarbeitet haben sollen. Die Skorpione waren denen einfach zu anstrengend.

Gesundheit
Du kannst nix dafür:
Was dich nicht tötet, härtet dich ab!

Die gute Nachricht vorneweg: Skorpionalen Lebens-Extremisten wie dir haben die Sterne in weiser Voraussicht die körperliche Konsistenz eines Leopard-II-Panzers mit auf den Weg gegeben, und wenn du dich wie etwa eine Waage benehmen und ernähren würdest, könntest du getrost auf eine Krankenversicherung verzichten und trotzdem auf den 100. Geburtstag hoffen. Leider macht aber dein Entdeckerhang noch nicht mal vor deiner eigenen sterblichen Hülle halt. „Einer geht noch, einer geht noch rein" ist ein beliebtes Skorpionmotto in praktisch jeder Lebenslage, was zu Exzessen führt, die jeden anderen Sternenhaufen in kürzester Zeit unter die Erdkruste bringen würde. Dich aber nicht! Du bist jederzeit dafür zu haben, Filme wie *Hangover* oder *Super Size me* nachzuspielen, oder die Cocktailliste in *Harry's New York Bar* durchzuarbeiten, um dann im Gegenzug einen indischen Yogi im Wetthungern zu bezwingen. Klar, dass dir dauernd etwas wehtut. Tröste dich, andere Sternzeichen hätten diese ständigen Wehwehchen nicht – die wären allesamt längst tot!

Gift für den Skorpion
Small Talk mit oberflächlichen Menschen in extremen Ausprägungen mit dem Zusatz „flüchtig bekannt". Das ist für den Skorpion-Geborenen pures Nervengift, das dann, so er sich noch nicht gänzlich von allen gesellschaftlichen Konventionen verabschiedet hat, den gesamten Organismus angreift und in kürzester Zeit zu Hörsturz, Magengeschwür und Ohrenkrebs führt.
Gegengift: Sagen Sie laut: „Halt's Maul" – das stoppt die Zufuhr von Blabla augenblicklich.

Es gut sein lassen im Sinne von „Einstellung der Nachforschungs- und Nachbohrarbeiten bei ungeklärten Sachlagen". Folgen sind Schlaflosigkeit, innere Unruhe, Nervenzusammenbruch und Seelenkrebs.
Gegengift: Einfach weiterbohren, nutzt ja nix!

Fashion und Style
Du kannst nix dafür:
Mit Sicherheit EXTREM gut gekleidet?

Keine Regeln ohne Ausnahme! Das gilt sogar für Skorpione und deren zwanghaften Hang, nun wirklich alles extrem auszuleben. Wenn es aber um Fashion und Styles geht, bleibt das Plutomodel seltsam unterkühlt und uninteressiert. Es mag ein wenig an der Gesellschaft liegen, in die man sich bei der Erforschung dieses Themenkreises zwangsläufig begibt. Die Modewelt ist nun mal flach wie ein Rollrasen und mit dem Tiefgang eines Nichtschwimmerbeckens gesegnet. Das ist sicher nicht die Gesellschaft, in der sich ein Skorpion wohlfühlt. Überhaupt hat Kleidung ja hauptsächlich den Zweck, etwas zu verbergen. Bei einem selbst mag das ja noch angehen – braucht ja nicht jeder zu wissen, welchen Hammer du gleich wieder auspackst. Bei allen anderen ist es nichts anderes als der Versuch, die eigene Unvollkommenheit zu verhüllen. Verachtenswert. Kein Wunder, dass viele Skorpione viel talentierter darin sind, Klamotten aus- als anzuziehen. Da aber auch für dich die traurige Wahrheit gilt, dass Kleider Leute machen, empfiehlt sich ein zeitloser Dress, Kittelschürze für die Damen, Hausmeisterblauer für die Herren. Das kleidet nicht nur, es wärmt und dämmt deine exorbitante sexuelle Ausstrahlungskraft auf ein Normalmaß, was im Alltag oft Spannungen zu verhindern hilft. Besonders, wenn's um den Ehepartner des Nachbarn geht. Schutzkleidung, rulez!

Sport
Du kannst nix dafür:
Sport ist Mord!

Ein Wesen mit deiner Energie braucht natürlich auch körperlich und jenseits der Matratze reichlich Betätigung und Abwechslung. Leider gibt es da aber kaum Sportarten, die für Skorpione tatsächlich geeignet wären. Ultra-Marathons sind langatmig und langweilig, Freeclimbing geht immer nur in eine Richtung (und das ist schon der bessere Fall) und fürs Boxen hast du schlicht und erregend zu viel Grips in der Birne, um dich von einem garantiert massigeren Stier-Gegner massiv matschig schlagen zu lassen. Bleibt Fußball – ein Topsport für Skorpione: wir gegen die anderen! Strategie und Taktik trifft Zähigkeit, eisernen Willen und Entschlossenheit. Ein Sport wie geschaffen für dich! Eigentlich ein Wunder, dass so viele Fußballer strohdoof sind. Aber auch das hat der Schöpfer in seiner Weisheit recht getan, denn siehe, er schuf den Rasensport für all jene Plutonier, die bei der Hirnverleihung gerade pinkeln waren. Und die Liste derer ist lang: vom Berner Wunder Fritz Walter bis hin zum Halbgott Maradona. Sogar schwerst Dachstübl-gehandicapte Sportler wie unser Boris Becker, die selbst die simple Tätigkeit des Ballspiels nicht ohne Hilfsgerät verrichten können, haben auf dem Rasen gezeigt, dass ein Skorpion auch dann zu großen Dingen fähig ist, wenn ihm nur das Rückenmark zur Existenzsteuerung gegeben wurde. Merke: Wo es für andere Sternzeichen nur noch zum Schraubenzählen geht, gewinnt ein Skorpion noch dreimal Wimbledon und die Weltmeisterschaft!

Partyfaktor
Du kannst nix dafür:
Party im römisch-griechischen Stil!

Party machen, so könnte man vermuten, ist einfach nicht dein Ding. Belanglos plaudern, feiern, wo es nix zu feiern gibt, flirten, ohne die Fortpflanzung auch nur in Erwägung zu ziehen – das ist des Skorpions Sache sicher nicht. Partys sind eine typische Erfindung von so verschreckten Eichhörnchen wie Fischen oder Zwillingen. So einen fußlahmen Mist brauchst du nicht. Wenn es Ringelpietz mit anfassen sein soll, dann bitte im griechisch-römischen Stil unserer Kulturstifter. In Caesar's Palace wurde sicher nicht am Wein genippt oder als orgiastischer Höhepunkt einer stundenlangen Balz ein Date vereinbart. Die wussten noch, wie man ein imposantes Fest veranstaltet.

Und da geht es für dich feiertechnisch auch lang! Für alles darunter bist du nicht zu begeistern. Außer es geht darum, eine wirkliche Feierlichkeit zu begehen. Einen Doktortitel, einen Olympiasieg oder eine Haftentlassung zum Beispiel. Dann kann man schon mal zusammenkommen – aber bitte im Spiegelsaal von Versailles oder im Oval Office und nicht bei Gundi in der Küche. Leider werden solche Vorstellungen von wirklicher Zelebration nur selten Wirklichkeit. Schlimm genug und für dich auch schwer zu verkraften! Sollen die anderen sich doch weiter beschweren, dass du bei Bottlepartys immer griesgrämig im Flur rumstehst – es ist ja nicht deine Schuld, dass die Suppentüten vom richtig Feiern keine Ahnung haben.

Wellness
Du kannst nix dafür:
Schaum nur als Krone!

Der Grundgedanke von Wellnessprogrammen will so gar nicht zu Skorpion-Geborenen passen. Ein Atomkraftwerk mit Ayurvedaölen runterkühlen? Wie soll das funktionieren? Und in der Tat ist das Abschalten für dich ein echtes Problem – eines, über das dein Weinhändler hocherfreut sein dürfte. Oder der Wirt in deiner Eckkneipe. Dass du so einen kleinen Hang zu alkoholischen Getränken hast, ist hiermit erklärt und für alle Zeit entschuldigt. Soll der Rest des Tierkreises sich doch mit Franzbranntwein einreiben – du kannst ruhig einen Schluck davon nehmen. Denn nur Skorpione sind in der Lage, vom Vollzeitalki in kürzester Zeit zu einem Asketen zu werden, vor dem sogar erfahrene indische Gurus Angst bekommen. Vergiss darum alles, was man dir über Entspannung beibringen will. Wellness ist für Menschen ersonnen, nicht für Skorpione. Was weiß schon eine 9-Volt-Batterie vom Innenleben eines Brutreaktors? Eben!

Money
Du kannst nix dafür:
Die Welt kostet Geld

Es gibt eine ganze Menge Sternzeichen, die zum Zaster ein nahezu erotisches Verhältnis pflegen. Eine Lebenshaltung, die dir nicht zwingend nahe ist. Geld – das ist ein Mittel zum Zweck. Eine Tauschware, die es zur rechten Zeit in passender Münze und angemessener Höhe bereitzuhalten gilt. Das kriegst du im Normalfall sicher hin. Denn du selbst brauchst ja kaum etwas. Für den täglichen Kick-off tun es Karlskrone und Boonekamp genauso wie Moët und Rothschild, und irdischen Kram wie Kleidung erwirbst du sowieso nur in zyklischen Abständen von zehn Jahren. Man könnte also denken, dass Skorpione, mit ihrer Energie und ihrem leichten Hang zum Geiz, durch die Bank weg Millionäre sind. So weit alright! Das Problem ist nur, dass die Novembergeborenen unter einer schlimmen astrologisch bedingten Krankheit leiden, wegen der schon unsere Kanzler-Ikone Schmidt vor vielen Jahren zum dringenden Arztbesuch aufgerufen hat: Plutonier leiden stark unter Visionen. Sie vermeinen sogar in die Zukunft sehen zu können und lassen sich in ihrem selbstherrlichen Rausch oft genug dazu verleiten, Geld in Projekte zu investieren, deren Sinn sich dem gewöhnlichen Erdling nicht recht erschließen will. Wo auch immer auf dieser Welt eine Sprachschule für Delfine, eine Gärtnerei für Marspflanzen oder ein Kochbuch wie „Moos und Farne – Fingerfood from the wood" auftaucht, da kann man ziemlich sicher sein, das ein Skorpion mal wieder dachte, er wäre seiner Zeit um ein paar Meter voraus. Da, wo der Skorpion der Versuchung von visionären Geschäftsideen widerstehen kann oder wo er rechtzeitig unter Vormundschaft gestellt wird, können sich in der Tat irgendwo, tief im Keller verbuddelt, ein paar hübsche Schätze ansammeln. Wer also Skorpionverwandte hat, der sollte schnell mal nachgucken!

Reisen
**Du kannst nix dafür:
Du kaufst keinen Urlaub von der Stange!**

Ein Skorpion verreist nicht. Er geht auf geheime Mission. So geheim, dass es schon mal vorkommt, dass er das Ziel selber nicht kennt und erschüttert im Norwegerpullover in Marrakesch landet, wo ihn dann die Pauschaltouris anglotzen. Au Mann, diese Stangen-Schafe mit dem Abenteuerwillen einer Packung Salzstangen. Das ist deine Sache sicher nicht. Reisen – das ist ein Abenteuer, kein teuer erkaufter Kantinenplatz mit Bett und Pool auf einer blöden Mittelmeerinsel. Ein Aufenthalt in Nowosibirsk, vielleicht in einem Gulag, ein paar Jahre mit der französischen Fremdenlegion in Algerien, ein Kurzurlaub als Novize in den Katakomben des Petersdoms – das ist es, was in deinen Alltag zwischen den ganzen Langweilern dieses Planeten ein bisschen Farbe bringt.
Tipp: Heure im Sommer als Koch auf einem Containerschiff unter panamaischer Flagge an und finde heraus, was wirklich geliefert wird. Dann versuch den Boss dieses brasilianischen Drogenrings lebendig der amerikanischen Polizei zu übergeben. Das alles unbewaffnet und ohne Wörterbuch. Viel Spaß dabei und eine gute Reise!

1. Auflage 2013

© Michael C. Mogler / DIPI / Carlsen Verlag GmbH, Hamburg 2013
Illustrationen: Dirk Pietrzak (DIPI)
Lektorat: Oliver Thomas Domzalski
Redaktion: Carina Seeburg
Layout und Satz: Christiane Hahn
Umschlaggestaltung: Christiane Hahn
Druck und Bindung: AZ Druck und Datentechnik GmbH
ISBN: 978-3-551-68089-1
Printed in Germany
www.carlsenhumor.de